ARRIGO SOLMI

IL

RINASCIMENTO DELLA SCIENZA GIURIDICA

E

L'ORIGINE DELLE UNIVERSITÀ NEL MEDIO EVO

Prolusione al corso libero di storia del diritto italiano

pronunciata il 2 dicembre 1899, nell'Università di Modena.

ESTRATTO

dal periodico " Il Filangieri „ N. 4, 1900

MILANO

SOCIETÀ EDITRICE LIBRARIA

Via Disciplini, 15

1900

Signori,

Fu meraviglia quando, alla leggenda che volle spento per secoli il diritto romano e risorto d'improvviso per opera della scuola di Bologna, oppose il Savigny la storia, rintracciata per pazienti ricerche, che lo dimostrò vivo nella conoscenza e nell'uso pratico, per tutto il medio evo, in tutti i paesi che dovevano essere area fortunata del suo secondo espandersi. Ma ricerche più recenti, sospinte per la via che il Savigny aveva additata, dovevano procedere oltre e dimostrare che il diritto romano non era rimasto soltanto nelle consuetudini o nelle leggi, ma aveva trovato, anche nel medio evo, qualche commentatore o illustratore, sia pure oscuro o ignorato, ma compreso del suo senso e del suo valore; aveva dato materia a compilazioni e a trattati, che, per la scarsa coltura dei tempi, dovevano essere giudicati notevoli; aveva resistito nella scuola, tra le esercitazioni spesso infeconde della retorica; e, per la concorde opera dell'esegesi, dei trattati e della scuola, era continuato in una vita che, per quei tempi, ebbe intenso fremito e inestimabile valore (1).

La glossa torinese alle Istituzioni, la glossa pistoiese e la *Summa perusina* del Codice, i numerosi commenti del secolo IX e X dimostrarono che l'opera esegetica di questi tempi non si arrestò a una semplice notazione grammaticale, non fu soltanto rivelazione di facili sinonimie o estensione di fisse e tradizionali regole; ma seppe qualche volta penetrare l'intimo spirito della legge, esercitando l'acume dell'interpretazione, disponendo il ricorso dei raffronti, apportando l'ordine delle distinzioni.

---

(1) Queste constatazioni si debbono in buona parte alla assidua opera di ERMANNO FITTING, iniziata fin dal 1872; ma è giusto anche il notare, che ai dotti nomi del FITTING, del CONRAT, del LANDSBERG, del PESCATORE, l'Italia aggiunge, in questo campo, valorosissimi storici, come il BRUGI, lo SCHUPFER, il CHIAPPELLI, il TAMASSIA, il PATETTA.

1

E anche là dove la scienza medievale intese all'esposizione sintetica del diritto, nei numerosi compendi che divulgarono le leggi romane, nella *Concordia* di Lupo, che organizzò e ridusse ad unità il diritto longobardo, nella *Lex romana canonice compta*, si deve pur sempre riconoscere una coscienza giuridica, che presuppone una coltura relativamente scientifica.

Quanto alla scuola, è lecito credere che ad essa sia dovuta principalmente la conservazione di quei vetusti elementi di coltura.

Intanto sappiamo che nelle scuole di retorica, numerose e gloriose in Italia, l'insegnamento del diritto vi fu sempre impartito, insieme con le scienze del *trivium;* ma possiamo anche aggiungere che in qualche scuola, il diritto, senza essere in tutto indipendente, riuscì a conseguire abbastanza presto la prevalenza, come avvenne a Pavia, a Ravenna, più tardi a Bologna (1).

E anche là dove non si può riconoscere una vera scuola di diritto, si deve tuttavia ammettere, che gli elementi tradizionali della coltura contribuirono a tramandarne la conoscenza e l'uso. E se in Roma dovette cessare, nei commossi tempi di Gregorio I, la scuola ufficiale del diritto; se è giusto credere che non sia poi così presto risorta (2); è debito nondimeno il riconoscere che le leggi romane vi furono sempre con ardore studiate, poichè il diritto canonico ne accolse una parte della feconda eredità e qualche mente illuminata si adoprò a dichiararne l'intimo senso. Ed era a Roma, alla fine del secolo IX, che ignorati giuristi incitavano l'imperatore Lodovico II, a richiamare in vigore le leggi dei Cesari (3); era in Pavia, nel cuore del diritto longobardo, che il diritto romano, durante il periodo degli Ottoni, tentava la sua prima rinascita (4).

Ma questa elaborazione giuridica, che raccogliendo gli ultimi bagliori della giurisprudenza romana vien fino alla soglia del secolo XI, se, equiparata alla bassa coltura dei tempi, mantiene ancora veste e figura di scienza, è tuttavia ancor molto povera e scarsa, inetta a diffondere la forza del diritto romano, al trionfo del quale, è giusto notarlo, contrastavano ancora le condizioni economiche e sociali di quei secoli rozzi. Perchè il

---

(1) FITTING, *Die Anfänge der Rechtsschule von Bologna*, Berlin u. Leipzig 1888, p. 12 ss., 33 ss.

(2) PATETTA, *Delle opere recentemente attribuite ad Irnerio e della scuola di Roma*, in *Bull. dell'Istituto di diritto romano*, VIII (1895), p. 53 ss.; e più tardi di nuovo in *Studi senesi*, XIV (1897), p. 59 ss., con nuovi argomenti. Ma l'ammettere la fine della scuola ufficiale del diritto non esclude il perdurare della coltura giuridica in Roma, collegata intimamente con la conoscenza del diritto canonico e dei compendi di diritto romano notissimi al medio evo.

(3) Lo racconta, con fondamento di vero, l'anonimo autore del *Libellus de Imperatoria potestate in urbe Roma*, MGH. Script., III, 720-1. Sulla data dell'opuscolo, fin qui ritenuto del secolo X, si veda il nostro lavoro: *Stato e Chiesa secondo gli scritti politici da Carlomagno fino al concordato di Worms (800-1122)*, Modena 1900, p. 36-8.

(4) Si veda FICKER, *Forschungen zur Reichs- und Rechtsgeschichte Italiens*, Innsbruck, 1872, III, 45 ss.

diritto si rilevasse, era necessario che le riforme e le rivoluzioni del secolo XI, insorte e attuate in tutti i campi della vita ormai quasi nazionale, aprissero all'Italia le vie ai rapidi, vertiginosi avanzamenti, che ne produssero in breve ora il rinascimento.

E il secolo XI si apre veramente fortunoso per l'Italia, che, fatta centro dell'Occidente, rifulge ancora una volta di vivida luce. Ai traffici e alle industrie dànno solerte impulso le città italiane rinascenti; quivi l'ordinamento feudale si disgrega, le forme dell'economia primitiva si dissolvono; già tumultuano per le vie e per le piazze gli elementi popolari, che dan vita al Comune; già l'operosa vicenda delle industrie si oppone alla prevalenza fondiaria delle campagne, e si sostituisce al sistema curtense, che il feudo non valeva più a difendere.

Nè le forze dominanti della società si ritraggono da questo fecondo impulso: i chiostri sono già innanzi nella via delle riforme; le curie vescovili son quasi sempre a capo delle attività cittadine; i feudatari, travolti dalla corrente, rientrano fra le mura urbane, e si preparano alla difesa della loro classe. E dalle città, commosse dai nuovi eventi e incitate dai nuovi bisogni, ai monasteri, ove gli studi e il lavoro trovano una quieta ombra protettrice; dai vescovadi, aperti ad ogni impulso della novella operosità urbana, alle curie feudali, ove l'amor della vita riprende tutto il suo impero e si preparano gli entusiami delle crociate; è tutta una rinascita politica, economica, intellettuale, che affretta la rovina estrema dell'antica società.

Il diritto romano, che sopra gli elementi germanici e feudali della forza voleva prevalente il principio dell'uguaglianza; che al rozzo sistema curtense opponeva il classico esempio di una società intrecciata di svariati rapporti economici; che alla pesante e rigida membratura di un diritto ancor quasi primitivo poteva sostituire la ricca e complessa varietà di un diritto socialmente evoluto; doveva essere facilmente accolto, come regolatore e animatore dei nuovi rapporti sociali, doveva cooperare a quel risveglio che, insorto in tutte le manifestazioni dell'attività umana, era destinato a trovare nel diritto la sua prima e feconda esplicazione.

Risorgevano pertanto in Italia gli studii; le scuole di retorica a Pavia, a Milano, a Parma erano già famose alla metà del secolo XI, e Anselmo il Peripatetico, Lanfranco di Pavia, portavano in Germania e in Francia i germi della nuova scienza (1).

La lotta per la riforma ecclesiastica, le controversie fra la Chiesa e l'Impero, offrono prima materia alle menti, ansiose di provare le forze nella determinazione dei rapporti reciproci fra le due grandi potenze del tempo; e la letteratura politica, che ne deriva, mostra con Pier Damiani, con Guido da Ferrara, con Pietro Crasso, con Anselmo da Lucca, quanto fosse già intensa e profonda l'opera della scienza (2).

---

(1) FITTING, *Anfänge d. Rechtsschule*, pp. 18-9.
(2) Tale letteratura politica, che dà il primo segno della rinascenza, è studiata

E il diritto, anche vincolato nelle scuole all'insegnamento retorico, ebbe largo omaggio di studii, se in questo periodo il diritto longobardo si ritempra in sistema scientifico, se le collezioni canoniche si moltiplicano con progrediente vicenda, se i testi del diritto romano furono serbati, con cure più sapienti, all'esame esegetico (1). ·

E alle scuole di retorica si deve l'origine delle scuole di diritto più famose dell'alto medio evo. Pavia, Ravenna e Toscana (2) emergono prime tra ogni altra; finchè Bologna, situata nel centro dell'Italia risorgente, accoglie in un fascio quel largo moto d'idee, vi imprime il suo segno intellettuale e le spinge per il mondo, rinnovate.

Il rinascimento si era già prima accennato alla scuola di Pavia. Questa, florita anch'essa dalla semente di una scuola d'arti liberali e provata all'esame esegetico dei testi longobardi, verso il mezzo del secolo XI, riprende ad allargare la base dei suoi studii, e chiama più frequente il diritto romano a corroborare la forza scientifica delle sue dimostrazioni (3). Accanto alle glosse della Lombarda, tra l'*Expositio* al *Liber papiensis,* appare frequente il richiamo al diritto romano, concepito come la legge universale per tutti, come il diritto più perfetto, al quale si deve attendere con costante vicenda.

Ma il secolo XI non è meno famoso per la storia del diritto ecclesiastico. Nel contrasto per la riforma e per la proibizione dell'investitura laica; quando la filosofia non ha ancora trovato quella scientifica determinazione, che la farà primeggiare alla scuola di Parigi, fra le scienze del medio evo; quando il diritto romano ha accennato appena al suo primo risveglio, ma non ha per anche deposto il rozzo involucro, che ne celava lo spirito vigoroso ed immenso; il diritto canonico era sottoposto a una solerte elaborazione, che lo doveva ormai porgere pronto alla classica opera di Graziano. La rinascenza italica era appena accennata, e già il diritto canonico aveva nelle scuole una larga discussione scientifica, già le raccolte dei suoi testi si

---

nel mio citato lavoro: *Stato e Chiesa secondo gli scritti politici,* p. 50 ss. In Italia specialmente può dirsi che il moto risveglia tutta la coscienza giuridica della nazione, tanto che emergono da ogni parte i canonisti e i giuristi. Oltre alle numerose opere polemiche, recentemente raccolte nei *Libelli de lite imperat. et pontif.,* 1893-1896, 3 voll., è degno di nota che, sulla fine del secolo XI, il vescovo Gualfredo di Siena poteva enumerare nella dotta controversia numerosi personaggi, dei quali non ci sono rimasti gli scritti: i vescovi Ranieri di Firenze; Costantino d'Arezzo, Goffredo di Todi; il canonista Bruno che fu maestro di Urbano II; il *magister* Ugo di Volterra; Rogerio senese; il canonista Pietro e il giurista bolognese Pepone. Cfr. *Libelli de lite,* III, 733-4.

(1) Sulla parte del diritto romano serbata dai testi canonici, si veda Conrat, *Geschichte d. Quellen und Literatur des römischen Rechts im früheren Mittelalters,* Leipzig 1891, pp. 205-18.

(2) Fitting, *Anfänge d. Rechtsschule,* p. 33 ss.; Chiappelli, *Recherches sur l'état des études de droit romain en Toscane au XI siècle,* in *Nouv. Revue hist. de droit,* XX (1896), p. 243 ss.

(3) Fitting, *Die Institutionenglosse d. Gualcausus und die mittelalt. Rechtsliteratur,* Berlin, 1891, 21 ss.

succedevano rapidamente l'una all'altra, apportando sempre più nettamente quei principii e quelle tendenze di ordine e di esattezza, che trionferanno definitivamente nel Decreto.

Mentre le glosse del diritto canonico rivelano l'opera della scuola, le frequenti collezioni mostrano la vocazione del secolo a conseguire quella determinatezza nei rapporti sociali, che è compito della scienza giuridica di delineare. Onde dalle austere logge del chiostro o dalle scuole delle cattedrali, rivolte alla nuova luce d'oriente, si levava la voce di qualche magiscola, che muovendo dalla teologia si lasciava insidiosamente trarre al diritto; e nello spazio abbastanza breve che va dal secondo decennio del secolo XI ai primi anni del XII, l'elaborazione delle raccolte canoniche si fa così frequente, che si contano più di quindici collezioni sistematiche, intente a una più sicura determinazione del diritto e all'accordo dei testi variamente intrecciati (1); delle quali almeno dieci, può dirsi, servirono immediatamente, per diretta o indiretta traslazione, al Decreto di Graziano. E tutte queste opere di diritto canonico fanno già larga parte al diritto romano, ne accolgono sempre più largamente i testi, e preparano, insieme coll'operosità della scienza di Pavia, il terreno all'accettazione definitiva delle leggi di Roma (2). Dal solco aperto, dal seme gittato, non poteva tardare l'avvento di una scienza più valida, d'un diritto più razionale.

A questo avvento, nel secolo XI, dà più attiva e intensa opera la tradizione; il rinascimento si affretta anche nel campo del diritto romano. Mentre in Roma, lacerata da continue guerre, le condizioni della coltura volgevano a rovina (3), si sposta il centro della tradizione romana e Ravenna ne accoglie più vivida la eredità del diritto. I libri sacri delle leggi romane erano tra-

---

(1) Solo a titolo di saggio si dà qui la serie delle collezioni più importanti di questo periodo. Dopo il *Decretum* di BURCARDO e la *Collectio XII partium*, che sono del primo ventennio del secolo XI, si ha la collezione tarasconese in sei libri; la collezione in 74 titoli, coi numerosi rimaneggiamenti, che assommano almeno a tre (Cfr. FOURNIER, in *Mélanges de l'école Française de Rome*, XIV, 1894, pp. 208-22); la vasta raccolta di ANSELMO da Lucca; la collezione in nove libri e le due collezioni in tredici libri; la *Collectio canonum* di DEUSDEDIT; quella di BONIZONE da Sutri; il *Decreto* e la *Panormia* di IVO di Chartres; la *Collectio trium partium*; la *Collectio caesaraugustana*; il *Polycarpus* del card. GREGORIO; la collezione britannica. Tutto ciò nello spazio di un secolo (1022-1118), e si noti che la serie conosciuta non è qui completa, mancando collezioni minori e altre opere sistematiche di rifusione dei canoni.
(2) Su queste tendenze del diritto longobardo e canonico verso il diritto romano, si veda CONRAT, *Gesch. der Quellen u. Lit. d. röm. Rechts*, I, 363-420.
(3) PATETTA, *Irnerio e la scuola di Roma*, pp. 71-6, fa risalire troppo addietro questa decadenza, e forse sarebbe da studiare se non sia effetto dei gravi perturbamenti che commovono Roma al secolo XI. Un segno può essere dato dal fatto che a Roma, al tempo di Gregorio VII, cessarono le feste della cornomania, celebrate fin dal secolo IX e X; feste, che sembrano raccogliere gli avanzi della coltura dei tempi, poichè vi partecipavano le classi colte cittadine e la *schola cantorum*. Tra le laudi, si ricorda questo passo : « Gaudeant magistri, gaudeant discentes, gaudeant et nostri parentes, qui nos ad scolam dederunt et bene nos nutrierunt ». Tra il 1140 e il 1143, il canonico Benedetto, dopo aver descritto questi giuochi solenni, scriveva: « Hoc fuit usque ad tempus pape Gregorii VII, sed postquam expendium belli crevit, renuntiavit hoc ». Queste testimonianze, fin qui trascurate, risultano dall'edizione dell'opuscolo di Benedetto, per opera di P. FABRE, *Le polyptyque du chanoine Benoît*, Lille 1889, pp. 26-27, 23.

passati da Roma a Ravenna, e si erano così accostati a Bologna; e a Ravenna venivano già ampiamente studiati e adoprati. Quivi l'abito retorico era presto deposto e il diritto prevaleva, colla tendenza a divenire del tutto indipendente e ad applicare le regole del diritto privato, fino nel territorio del diritto pubblico (1).

A questa larga fioritura di studii giuridici, a Pavia e a Ravenna, sono dovute le prime opere sistematiche di vero valore scientifico, che preannunziano e precorrono il sorgere della scuola di Bologna: il libro di Tubinga, le *Exceptiones Petri*, il *Brachylogus*, nelle quali è vivo l'influsso delle scuole e della scienza italiana (2). Il rinascimento agitava così tutti i rami della scienza giuridica.

Fu in questo momento, o signori, che sorse Bologna. Situata nel cuore di quel territorio italiano, che era allora commosso dallo spirito innovatore; abbastanza lontana da Pavia e da Ravenna per non esserne assorbita, e abbastanza vicina per accoglierne il benefico influsso; Bologna rapidamente concentra da Lombardia, da Toscana e da Romagna, le forze intellettuali, che la rinascita del diritto e della scienza aveva allora suscitate, e le dirizza per una via nuova (3). Mentre un fecondo avanzamento industriale e commerciale accresceva la popolazione e le forze economiche di Bologna; mentre la precoce dissoluzione del potere signorile, non aggregato al dominio matildico, consentiva che ivi spirasse più irrequieto e sicuro lo spirito di libertà; mentre le guerre interne ed esterne, che laceravano altri territori ed altre città, lasciavano ivi alla operosa pace più largo spazio d'azione; la scienza giuridica, che pareva sospinta da un imperioso bisogno di accentramento, rinveniva in Bologna la sede quieta e sicura della sua feconda solerzia.

E la scienza vi interveniva con tutti gli elementi del tempo. Anzitutto la filosofia e le arti liberali erano, al secolo XI, venute ivi a tanta fama, da attrarre studenti stranieri e rendere la città celebrata (4); ma insieme doveva essere vivo l'amore per quella scienza politica, che agitava allora ogni spirito colto (5). Giungeva intanto da Pavia e da Ravenna l'eco delle discussioni scientifiche, che il diritto longobardo e il diritto romano levavano; mentre il diritto canonico aveva certo, nelle scuole del capitolo e dei chiostri, fecondo omaggio di studii, se da Bologna, pochi anni più tardi, partiva la voce del monaco, che ne ordinò i materiali.

---

(1) Tamassia, *Bologna e le scuole imperiali di diritto*, in *Archivio giuridico*, XL (1888), p. 267 ss.

(2) Schupfer, *Manuale di storia del dir. ital.*, Leggi e scienza, Città di Castello, 1895, p. 182 ss.

(3) Sull'indirizzo nuovo aperto da Bologna si veda Schupfer, *L'Università e il diritto* negli *Albori della vita italiana*, Milano 1891, III, 466.

(4) Fitting, *Anfänge d. Rechtsschule*, p. 78 ss.

(5) Fu bolognese Lamberto da Fagnano, canonista e ispiratore del concordato callistino; poi pontefice, col nome di Onorio II. Cfr. Schupfer, *Origini della scuola di Bologna*, in *Memorie dell'Acc. dei Lincei* (Scienze morali), ser. IV, vol. VI (1889), p. 237.

Queste tendenze del secolo al diritto, e particolarmente al diritto romano, sentì, primo in Bologna, Pepone, l'immediato predecessore d'Irnerio; e dobbiamo a ventura se il bagliore della gloria irneriana ha consentito che giungessero fino a noi il nome e la notizia di questo modesto iniziatore. Vissuto nella seconda metà del secolo XI, e forse fino ai primi anni del susseguente (1), ci è rimasto di lui un placito famoso, ove si allega per la prima volta il Digesto, segno che ci dimostra la larga conoscenza dei testi romani, che dobbiamo supporre in lui (2).

Nell'ultimo ventennio del secolo XI, profittando della libertà d'insegnamento consentita dai tempi e ubbidendo ad una tendenza già altrove esplicata, incominciò a Bologna a insegnare pubblicamente il diritto, secondo la narrazione di Odofredo. Certo al 1090 egli era già famoso, e un vescovo di Toscana lo invocava tra i più grandi giuristi del tempo, come la gloria più fulgida di Bologna, a metter fine alle discordie, che si agitavano allora, per definire i rapporti fra lo Stato e la Chiesa (3).

Subito dopo, proprio agli albori del secolo XII, si compie in Bologna, per opera d'Irnerio, l'avvenimento, che dà al diritto romano importanza e valore di scienza (4). Come ogni grande spirito innovatore, Irnerio accoglie in sè tutti gli elementi del secolo e, contemporaneamente, apre una via nuova. La sua attività di insegnante si esercitò prima nella retorica, la scienza medievale per eccellenza. Irnerio fu dapprima maestro in arti, e allora dovette forse compiere il *Formularium tabellionum,* che sappiamo di lui e che ci è primo indizio delle sue tendenze giuridiche (5). Assorbito poi nella vita pubblica, come giudice comitale e imperiale, egli ritempra il suo spirito teorico nella pratica, e nella solerte opera di avvocato e di giudice, nei suoi rapporti colla contessa Matilde e coll'Impero, sente spirare la violenta burrasca che agita il tempo suo, e alla questione dello Stato e della Chiesa dà tributo di cittadino e di giurista.

Fu forse dopo le ansiose vicende di questi anni (1118), che Irnerio ritornò alla quieta e intellettiva solerzia dell'insegna-

---

(1) Così, con fondati argomenti, il GAUDENZI, *Appunti per servire alla storia dell'Univ. di Bologna,* in *L'Università, riv. dell'istruz. superiore,* III (1889), pp. 163-166.

(2) FITTING, *Anfänge d. Rechtsschule,* pp. 83-8.

(3) La notizia fu da me additata nel lavoro *Stato e Chiesa secondo gli scritti politici,* p. 93 ss. È il vescovo Gualfredo, che, verso il 1090, compone un libello, oggi disgraziatamente perduto, sulla lotta fra lo Stato e la Chiesa di quei tempi, nel quale introduce a discutere i principali personaggi e giuristi d'allora. Tra gli altri, invoca l'intervento del canonista Pietro, del vescovo « claro Bagnorea e di Pepone « claro Bononiensium lumine », Lib. *de lite,* III, 733-4. Questa testimonianza limita la severità del giudizio, che Odofredo pronunciò su Pepone, dicendolo *nullius nomine.* E giustamente il RICCI, *Primordi dello studio di Bologna,* Bologna 1887, p. 37, considera con Pepone fondata la scuola del diritto romano in Bologna.

(4) Si veda in Irnerio il bel lavoro di E. BESTA, *L'opera di Irnerio,* Torino 1896, p. 40 ss. Tracciando qualche linea su questo giurista, ci atteniamo ai risultati certi o probabili; abbandonando le ipotesi del FITTING, oppugnate dal PATETTA e dal PESCATORE, mi pare, con molta giustezza.

(5) L'arte notaria, congiunta nel medio evo alle arti liberali, deve prima attirare l'attività di Irnerio. Sarebbe strano che egli avesse composto un'opera di carattere pratico, dopo che s'era dato tutto agli studii teorici del diritto romano. Il *Formularium tabellionum* deve essere opera d'un maestro d'arti liberali.

mento; ma vi ritornò con nuove esperienze, con nuovi elementi, con nuovo metodo. La vita gli aveva fatto sentire l'importanza capitale del diritto; i rapporti coll'Impero, in un periodo di splendida egemonia (1115-1118), gli avevano spirato nell'anima il senso della grandezza imperiale romana, la religione per i libri del diritto, che da questa fonte erano, in momenti più gloriosi, derivati.

Irnerio imprese allora a insegnare il diritto, e base del suo insegnamento fu il diritto romano. Egli aveva così rinvenuto un nuovo metodo e una nuova materia. Pavia aveva timidamente inteso a sciogliere il diritto dagli impacci della retorica (1); Pepone aveva iniziato l'insegnamento giuridico in Bologna: Irnerio compie d'un tratto la riforma, e restituisce al diritto la sua integrità di scienza autonoma. Insieme, cosciente dell'impareggiabile valore teorico del diritto romano, egli ne assume da Ravenna i testi a fondamento, li considera come fonte di un diritto vivo e perenne, li penetra nello spirito, li commenta e li espone, indugiando a ricreare, per mezzo principale di essi, la figura e le forme degli istituti giuridici. Egli sentì che principalmente le Pandette, fino allora appena esaminate come aiuto interpretativo delle istituzioni e del codice (2), porgevano da sole il nerbo del diritto romano, e vi si adoprò pazientemente, penetrandone l'intimo senso. Onde a lui spetta la gloria di essere ricorso alla fonte romana, da cui sola può derivare più luminosa e vitale la scienza, al Digesto.

Il commento, che Irnerio ha intessuto sul *Corpus juris*, rivelato dalle glosse ora in parte raccolte (3), sta a dimostrare la sua profonda e larga conoscenza dei testi, l'indirizzo sistematico e logico, lo spirito giuridico pronto e illuminato; mentre a lui sappiamo di dovere le prime opere teoriche, ove il diritto romano venne organizzato a sistema: un libro di *Questiones,* un *Tractatus de natura actionum,* le Autentiche (4).

La scienza del diritto romano, quale rifulse nel periodo dei glossatori, era, per opera d'Irnerio, sicuramente iniziata.

In poco tempo la fama d'Irnerio, *lucerna juris,* si sparse in ogni parte d'Occidente. Già verso l'anno 1130, l'arcidiacono Arnolfo Sagiense si affrettava verso l'Italia, per appagare il suo vivo desiderio di apprendervi il diritto romano (5). E quando, non molto appresso, Irnerio, il lume del diritto, si spense, i

---

(1) È la vera gloria della scuola di Pavia. *Expos. ad lib. Pap. Otto I,* 3, 14 (ed. Bluhme, p. 573): « magis credere debemus romane legi auctoritate quam retorice ».

(2) Si veda L. Zdekauer, *Sull'origine del ms. pisano delle Pandette,* in *Studi senesi,* VI (1890), pp. 289-322.

(3) Ed. Chiappelli, Pescatore, Besta.

(4) Quanto alle *Questiones de juris subtilitatibus* e alla *Summa codicis,* dal Fitting attribuite recentemente ad Irnerio, crediamo di dover riconoscere come molto fondate le opposizioni del Patetta, dello Schupfer e del Pescatore, e di non potere per ora rassegnare tali opere fra quelle sicuramente irneriane.

(5) Arnulphi Sagien., *Invectiva,* M. G. H. *Libelli de lite,* III, 85: « Sed quia me in Italiam desiderata diu Romanorum legum studia deduxerunt ». Cfr. ivi, p. 83. Probabilmente egli si affrettava verso Bologna.

quattro dottori, che erano stati suoi discepoli ed erano già allora valorosi giuristi, potevano accoglierne l'eredità, seguirne·il metodo, compierne i proposti, irradiare più sicuramente intorno il calore della scienza giuridica di Roma (1). In questo momento, la scuola del diritto romano, in Bologna, era costituita.

E da essa emanò subitamente, prodotto mirabile del diritto, l'istituto che doveva essere il supremo propagatore della scienza, l'Università. Questa non avrebbe potuto sorgere, se la forte organizzazione della scuola non avesse consentito, che lentamente si svolgessero i germi e i fattori della sua formazione. La fama della nuova scienza, altrove non insegnata, traeva in Bologna a torme gli studenti, e la successione nella scuola di famosi maestri dava ad essa carattere di indistruttibile continuità.

Quando, nel 1155, entro il periodo più glorioso dei quattro dottori, Federico I poneva il campo presso Bologna, e venivano i cittadini a fare omaggio alla maestà imperiale ; gli studenti stranieri, convenuti in Bologna, con a capo i maestri, formavano già un corpo organizzato; e uno dei capi di questa unione quasi corporativa, un professore, esponendo la vita e le condizioni degli studenti, si lamenta, in nome e in rappresentanza di tutti, che i cittadini per via di rappresaglie pignorassero talvolta qualcuno di loro, per debiti di compaesani. Onde il privilegio che l'Imperatore emanò, a tutela degli studii, fu particolarmente rivolto a proteggere i lettori, che più spesso dovevano essere esposti a questo ordine di danni e che rappresentavano tutto l'organismo della scuola (2). Tale privilegio venne tre anni dopo esteso in forma di legge generale per l'impero, diretto a protezione di tutti gli studii e di tutte le scuole d'Italia, ma senza dubbio con speciale riguardo a Bologna e agli insegnanti di diritto (3).

Però, allorchè l'Imperatore volle concedere agli scolari il privilegio della giurisdizione, non potè attribuire ad altri la facoltà del giudizio, se non a coloro, che erano naturalmente a

---

(1) La connessione immediata fra Irnerio e i quattro dottori mi sembra indubitata; e i motivi del SAVIGNY, *Storia del dir. rom.*, II, 50, che trovava ricordato Irnerio solo alla fine del secolo XI e nei primi anni del XII e sempre isolato, non hanno più valore, dopochè da una parte il documento del 1125 (FICKER, IV, nr. 99) mostra ancor vivente Irnerio, e la cronaca dell'Uspergense lo fa vivo ancora sotto il governo dell'imperatore Lotario II (Cfr. FITTING, *Anfänge d. Rechtsschule*, p. 91) ; e dopochè, dall'altra, sembra doversi riportare al 1140 l'insegnamento di Jacopo (BESTA, *L'opera d'Irnerio*, p. 73) e dar peso alla considerazione che, essendo i quattro dottori morti in tarda età tra il 1160 e il 1178, è naturale che si debba attribuire la loro maggiore attività al periodo immediatamente successivo ad Irnerio, e cioè tra il 1130 e il 1170.

Quanto ai *veteres praeceptores*, ricordati dalla glossa di ENRICO DI BAILA, non è più necessario di considerarli come una generazione di giuristi intermediaria tra Irnerio e i quattro dottori, quando numerose testimonianze ci hanno dato il nome di giuristi predecessori e contemporanei d'Irnerio, ai quali forse la glossa si riferisce, in contrapposizione ai *novi praeceptores* rappresentati dalla scuola irneriana.

Al momento dell'attività di Pepone (1078-1100) succede l'età irneriana (1090-1140) e a questa il periodo dei quattro dottori (1130-1170). La connessione risulta così più che probabile.

(2) Tutto ciò si rileva dalla preziosa testimonianza dell'anonimo poeta bergamasco, che cantò i *Gesti di Federico I in Italia*, ed. Monaci, Roma 1887, p. 20 ss.

(3) *Auth. Habita*, L. 5 C. *ne filius pro patre*, 4, 13.

capo di questa organizzazione scolastica e che vi esercitavano il potere supremo, ai maestri (1). In questa prima organizzazione, anteriore alle origini delle corporazioni universitarie, si deve riconoscere il primo nucleo dell'Università bolognese.

La prevalenza esclusiva dei maestri non poteva sussistere a lungo, perchè, in Bologna, fu così rapida e straordinaria l'onda degli studenti, che questi si trovarono presto a costituire la base più numerosa e potente dell'organizzazione scolastica (2). Il fulcro della scuola si spostò allora verso gli scolari, e fu il primo accenno d'un rivolgimento, che era destinato a dare al gruppo universitario una fisonomia nuova.

Ciò avvenne alla fine del periodo dei quattro dottori, quando la scuola si trasformò in una *societas*, dove gli scolari vennero a trovarsi in un rapporto di parità coi loro maestri. La spinta a questa trasformazione si ebbe allorchè i molti insegnanti, venuti da altre città in Bologna a studiare e a professare la scienza, trovarono più proficuo di stringere con gli scolari un contratto, per il quale si obbligavano a prestare, per un determinato numero d'anni, l'opera loro, ritraendone un lucro notevole (3). Al-

---

(1) Federico I non fa che attribuire efficacia giuridica al potere dei maestri nella scuola; potere che primo si esplicò nella costituzione universitaria e che risulta anche dalla narrazione dell'anonimo bergamasco. Inoltre la frase *regere in scholis*, sinonimo di insegnare, frequentemente usata dai glossatori, è una traccia di questo potere. Le formole del canonico Ugo di Bologna, scritte tra il 1119 e il 1124 (ed. Rockinger, in *Quellen u. Erörter. zur bayer. u. deut. Geschichte*, IX, 1 [1863], p. 53 ss.), usano spesso queste frasi: « in proxima ventura ieme Bononie studium regemus; nbi studium recturum vos speratis » (p. 83); e parlano di *servitium* (p. 69 e 84) offerto dagli scolari al maestro. È noto il passo dell'OSTIENSE (DENIFLE, I, 134) ove si paragona il potere dei maestri nella scuola a quello del padre nella famiglia; ma è da indicare invece come questo paragone trovi la sua prima origine in Ugo da Bologna (ed. Rockinger. p. 83): « ut patrem reverenter excolui, atque ut filium disciplinae respectu vehementer dilexi ». La giurisdizione da Federico attribuita ai maestri fu dunque riconoscimento di un potere preesistente, e non arbitraria trasformazione sovrana, come mostra credere il TAMASSIA, *Odofredo*, in *Atti e mem. della Deput. di st. patr. di Romagna*, ser. III, vol. XII, p. 68-69. Anzi tale giurisdizione restò poi sempre tanto connaturata nell'organismo dell'Università, che anche dopochè l'istituzione del rettorato studentesco sembrò escluderla, essa di fatto persistette sempre e a lungo. Così si spiegano i ricordi della giurisdizione dei maestri in Odofredo, riportati dal TAMASSIA.

(2) Sono troppo note le testimonianze relative all'accorrere degli studenti a Bologna. Oltre a quella di Arnolfo Sagiense, da me ricordata più sopra, si aggiunga l'altra di Ugo da Bologna (ed. Rockinger. p. 83): « inde est quod tot et tantis (sc. scholares) alios relinquunt et ad vos certatim undique concurrunt ».

(3) Si deve insistere su questa fase dello sviluppo universitario di Bologna, totalmente trascurata dal DENIFLE, accennata dal GAUDENZI, *Appunti*. p. 174 ss., ma non abbastanza rilevata nella sua importanza. Si dirà anzitutto che il significato di *socius*, dato nel testo, si rileva sicuramente da un fonte indicato dal GAUDENZI, *Bull. dell'Ist. stor. ital.*, XIV (1895), pp. 94-95, dove Ugolino Gosia dichiara di non poter accettare d'essere podestà degli Anconitani senza il consenso dei suoi scolari (*socii*), coi quali si era impegnato per un certo numero d'anni. Ciò avviene nel 1201, e già le lotte col Comune hanno consigliato di aggiungere, a conferma dei patti, il giuramento. Così erano *socii* di Pillio quegli scolari cui egli aveva prestato malleveria e per i quali si era indebitato nel 1182 (SAVIGNY, II, 163). Dell'uso di questa voce, in tale senso, parecchie pubblicazioni recenti offrono nuovi esempi. Tra i testi ove prima la troviamo. deve essere la *Summa codicis* edita dal FITTING (Berlin 1894) e da lui attribuita ad Irnerio; dove l'autore dice di procedere alla trattazione del possesso *rogatus immo coactus a sociis* (VII, 23, § 2), cioè insistentemente pregato dagli scolari vincolati a lui per un rapporto di *societas*. Questa frase sembra anch'essa consigliare a ritenere ragionevolmente la *Summa*, d'accordo colle conclusioni del PATETTA e del PESCATORE, come un prodotto della scuola bolognese della metà del

lora il rapporto contrattuale collocò alla pari le parti, e il diritto e le fonti giuridiche romane prestarono ancora una volta il concetto e il nome di queste nuove forme. La scuola fu concepita come una *societas*, e *socii* apparvero gli studenti, in gran parte forestieri, venuti da ogni parte d'Italia e dalle terre di Oltr'Alpi, collegati mediante patti a maestri venuti anch'essi da fuori (1).

La *societas* della scuola era divenuta un gruppo organizzato di maestri e scolari forestieri, convenuti in una città straniera per ragioni di studio: e il gruppo era già socialmente differenzia'o

Chiarite queste due fasi, lasciate fin qui confusamente nell'ombra, l'origine dell'Università di Bologna, che il Denifle ha voluto colorire come singolare, apparirà invece, come quella di Parigi, proveniente da un nucleo unitario, che ne determinò tutta la storia. Le corporazioni studentesche, che sembrano scindere l'Università in più corpi, emergono dopo che questa ha conseguito il suo carattere unitario (2); ed emergono per dotare l'Università di quella membratura corporativa, che ogni nucleo assunse entro il Comune italiano. Per questo, non vale ricercare le origini della Università dalle corporazioni, nè derivare queste, come pretende il Brunner, da un principio fondamentale del diritto germanico (3). L'Università di Bologna deriva da uno sviluppo organico di una *societas* preesistente, e l'organizzazione corporativa non fu che la diramazione d'un tronco già vegeto e forte. Anche nelle sue forme posteriori, essa non fu un prodotto del diritto germanico trasportato su suolo straniero; ma fu una delle emanazioni più perfette di quel movimento associativo, che è gloria del diritto pubblico italiano, nel periodo dei Comuni.

---

secolo XII. Anzi, argomentando dalla somiglianza col passo della *Summa codicis* di Rogerio (ed. Palmieri, nella *Bibl. jurid. medii aevi* del GAUDENZI, p. 143): *Rogatus a multis nostris sociis, maxime a dilecto nostro Henrico*, ecc. ; ove apparisce la frase nel medesimo luogo e nel medesimo senso, apparisce come probabile l'ipotesi che il FITTING e il BRUGI hanno cercato di escludere, trattarsi cioè, nella *Summa* edita dal FITTING, di un primo rifacimento della *Summa* di Rogerio (Si veda la pref. del FITTING, *Summa codicis des Irnerius*, p. XXI ss. e BRUGI, *Arch. giurid.*, LIII, p. 224). Ma prima che in queste due somme di diritto romano, la voce apparisce in Rolando Bandinelli, *Summa* (ed. THANER, Innsbruck 1874, p. 4) *praef.*, al quale gli scolari di Graziano appariscono come *socii*. « Sociis specialiter eum [Graziano] scripsisse credimus vel tamquam universitati providens universis lectionis sacrorum canonum insistere volentibus eum scripsisse dicamus ». La *Summa Rolandi* è composta tra il 1150 e il 1159, ma la voce *socius* è qui attribuita al cerchio degli scolari di Graziano, accolti nella *societas* del monastero di S. Felice di Bologna. Corrispondentemente, come non si sarebbero considerati quali *socii* gli scolari avventizi di una scuola, così invece erano *socii* quelli legati al maestro con una obbligazione reciproca, che attribuiva carattere stabile alla fondazione, secondo i nuovi principii dell'Università bolognese.

(1) Ciò resulta evidente dal passo di Placentino (riportato dal SAVIGNY, II, 128) ove narra che molti studenti lo seguirono da Bologna a Piacenza. « Porro subito ex inopinato socii mei et multi alii de Bononia sequuti sunt me », dove è aperto il contrasto fra gli studenti forestieri (*socii mei*) e quelli indigeni di Bologna (*multi alii de Bononia*).

(2) Così il GAUDENZI, *Appunti*, p. 185 ss., al quale va il merito di aver prima associato questo principio unitario.

(3) Questa idea del BRUNNER fu largamente esposta in un discorso pronunciato all'Università di Berlino. H. BRUNNER, *Der Antheil d. deutschen Rechtes an der Entwicklung der Universitäten*, Berlin 1896, p. 3 ss.

Nel tempo, infatti, in che Irnerio iniziava in Bologna il suo insegnamento, le nuove classi cittadine promovevano le rivoluzioni e i contrasti, che diedero vita al Comune. E in quel cozzo vario e tumultuante di interessi e di partiti, che protese le nuove membra sociali e accompagnò poi sempre le burrascose vicende delle libertà cittadine, ogni ceto di persone, ogni gruppo di interessi era spinto a cercare, in una costituzione autonoma e propria, le forze per resistere più compatto e più pronto alla lotta diuturna per il diritto, per proteggere la sfera della sua azione, impacciata da tante correnti turbinose e contrarie. Onde, mentre i nobili ricorrevano alle alleanze di famiglia e si rafforzavano nelle torri, erette a spiare e dominare i tetti cittadini; mentre i mercanti stringevano le società, che dovevano in breve ora metterli alla testa del Comune e organizzarli a resistervi più a lungo e più vigorosamente; gli artigiani si congiungevano secondo i mestieri, da prima nelle forme di una confraternita, creata a scopo religioso, poi in forti e organiche corporazioni, che, armate, dovevano più tardi muovere alla conquista del potere. E questo movimento corporativo era il risultato di quella fusione di tutti gli elementi nazionali, di che fu primo e mirabile esempio il Comune (1).

Ora, appena la scienza del diritto risorta chiamò a torme in Bologna gli studenti, questi trovarono la prima organizzazione protettiva nel nucleo dell'associazione fra maestri e discepoli, che costituì originariamente l'Università. Ma poi gli studenti, cresciuti per numero e per forza, sentirono il bisogno di un aggruppamento più solido e esclusivo, del quale le recenti organizzazioni cittadine porgevano l'esempio; e, sulla fine del secolo XII e nei primi anni del XIII, costituirono le nuove corporazioni studentesche. Il primo segno di queste tendenze si ebbe, allorchè il Comune di Bologna, nel 1182, volle obbligati i professori a prestar giuramento di non insegnare altrove; poichè questo obbligo, includendo un vincolo di permanenza e di soggezione al Comune per gli studenti, legati coi maestri con patti di società, sembrò un atto arbitrariamente limitativo di quella libertà che volevano integra e assoluta, e costituirono un corpo universitario collettivo, al quale, a somiglianza del Comune, furono preposti i consoli, chiamati alla somma direttiva dell'Università (2).

---

(1) Per tutto ciò, si veda A. SOLMI, *Le Associazioni in Italia avanti le origini del Comune*, Modena, Soc. tipogr., 1898, p. 130 ss.

(2) Tutto ciò fu, conforme alla verità storica, rilevato dal GAUDENZI, *Appunti*, pp. 179-80. Il TAMASSIA, *Odofredo*, XII, p. 67, ha brevemente contestato l'importanza di questa fase nell'origine dell'Università bolognese; e ha sostenuto che l'organizzazione corporativa degli studenti con a capo i rettori, ha preceduto la formazione dell'Università, affermando che le parole *consules* e *rectores* sono da Bassiano, Azone e Odofredo usate come semplici sinonimi. Lo sviluppo dell'Università bolognese, quale risulta dalle presenti ricerche, si oppone a simile interpretazione. Giovanni Bassiano e Azone hanno espressamente qualificato come *consules* la prima carica corporativa dell'Università; e, senza escludere che preesistesse qualche nucleo protettivo fra gli studenti, riuniti secondo le nazioni, crediamo tuttavia che soltanto

Appunto in questo momento Giovanni Bassiano contestava agli studenti il diritto di eleggersi consoli, perchè, come nelle corporazioni artigiane era riservato ai maestri il potere di stringersi in corpo e di crearne i capi, e nulla in ciò potevano i discepoli, così doveva essere nell'organismo dell'Università (1). E questo ripeteva poco più tardi Azone (2); testimonianze sicure queste, che la prima corporazione universitaria si formò a immagine e somiglianza del Comune italiano e delle organizzazioni cittadine. A questo corpo vollero gli studenti che fosse riconosciuto il diritto che le fonti romane rivendicavano ad ogni associazione lecita e la chiamarono *Universitas* (3).

Ma poichè entro il cerchio stesso degli studenti cominciarono tosto a nascere dissensioni, che la diversità della patria e degli interessi giustificavano, gli studenti sentirono il bisogno di distinguere le loro società secondo le nazioni e di confermarle col vincolo protettivo del giuramento. Forse una divisione naturale degli studenti per nazioni doveva essere avvenuta anche prima; divisione, che l'uso delle confraternite religiose, frequenti anche in Italia, aveva confermata e protetta (4). Ma solo verso l'anno 1200, dalla larga corporazione politica coi consoli a capo, si sdoppiarono quattro società principali, che rappresentavano le quattro nazioni più numerose della studentesca, Italiani, Provenzali, Francesi e Tedeschi, e che diedero così una base più solida e sicura all'Università (5).

Le nazioni ebbero per capo un rettore, che rappresentò sin-

---

alla fine del secolo XII si sia costituita la corporazione propriamente universitaria, e che a somiglianza del Comune, per affermare il suo carattere politico, avverso al Comune, abbia assunto a capo i consoli. La carica dei *consules* fu certo transitoria, perchè gli studenti sentirono presto la necessità di costituirsi, secondo i gruppi di interessi, sotto il potere singolare di un rettore. E così avviene, che, passato il burrascoso periodo della prima rivoluzione scolastica, troviamo poi sempre i rettori. Ma anche i *rectores*, come ha intuito benissimo il DENIFLE, *Die Universitäten des Mittelalters bis 1400*, Berlin 1885, I, 146-47, rappresentano una carica imitativa della costituzione comunale.

(1) DENIFLE, I, 170.
(2) DENIFLE, I, 170.
(3) La voce è tratta dalle fonti giuridiche romane, e primi i glossatori la applicarono agli studii; onde ad essi spetta anche questa gloria. Sul concetto di *universitas*, si veda ampiamente il GIERKE, *Deut. Genossenschaftsrecht*, III, 142 ss. Dopo i glossatori e prima che nelle lettere di Onorio III del 1217 e 1220, la voce, in questo senso, è adoperata da BONCOMPAGNO, *Cedrus* (ed. Rockinger, IX, p. 174): « Recitatus, approbatus et coronatus lauro Bononie, a. D. MCCXV... coram universitate professorum iuris canonici et civilis, et aliorum doctorum et scolarum multitudine numerosa ». E così GUIDO FAVA, *Doctr. privil.* (ed. Rockinger, IX, p. 198, n. 2): « Doctoribus magistris et universitati scholarium ».
(4) Questa esistenza è certa per gli Inglesi, stretti in confraternita alla fine del secolo XII. GAUDENZI, *Appunti*, pp. 181-82. Ma le confraternite erano di origine spontanea in Italia, e al secolo XII già da più secoli vive. Cfr. SOLMI, *Associazioni in Italia*, p. 120 s. Per le confraternite bolognesi, dà esempio il documento edito dal GAUDENZI, *Bullett. dell'Ist. stor. ital.*, VIII (1889), pp. 14-16.
(5) Sull'esistenza di queste quattro corporazioni, si veda GAUDENZI, *Appunti*, p. 186. E che il processo di formazione delle quattro nazioni sia stato posteriore all'esistenza di una corporazione unica universitaria e delle singole confraternite nazionali, è dimostrato dal fatto che l'unione non si costituì esattamente secondo le nazionalità e le confraternite, ma secondo gruppi di affinità con carattere protettivo e politico, sull'esempio della prima organizzazione universitaria, rappresentata dal nucleo degli studenti e professori stranieri, che si nominarono i consoli.

golarmente la propria corporazione; ma quel carattere unitario, che abbiamo riconosciuto nell'Università bolognese, non si cancellò nemmeno allora; poichè insieme i quattro rettori ebbero la direzione collettiva dell'Università e ne costituirono il nucleo e la rappresentanza. Tale ordinamento, variamente trasformato da poi, quando nuove dissensioni fecero sorgere nuove società, quando le frequenti emigrazioni degli studenti li portarono a frotte lontano da Bologna, a Vicenza, a Padova, a Vercelli ed Arezzo; restò a base indistruttibile dell'Università di Bologna e diede l'esempio ed il tipo all'ordinamento universitario d'Italia.

La forza organizzatrice del diritto, che si era già manifestata nella formazione del Comune, animò e spinse la scuola di Bologna a costituire quelle corporazioni, che formarono la sua base incrollabile, il suo solido sottosuolo. L'impulso venne da un profondo e intimo bisogno di organizzazione, che consigliò i membri della scuola a costituirsi in nuclei autonomi, entro il Comune.

Le forme associative furono detratte dal tipo della corporazione italiana, che nel secolo XII aveva costruito, a somiglianza del Comune, la sua classica figura. Non quindi impulso di studenti germanici, non quindi esempio di gilde o di anse tedesche, ma emanazione e forme propriamente nostre (1). Le fonti romane, che i glossatori detergevano dalla rozza scoria, che le aveva per tanto tempo celate, regolando la materia delle associazioni lecite, dettavano il diritto delle corporazioni scolastiche, ne fissavano le norme, davano il nome dell'Università.

Questa prevalenza del diritto nell'Università bolognese è rivelata anche da un fatto, che non deve esser trascurato. La classe dei legisti, studiosi del diritto romano e canonico, per lungo tempo prevalente in Bologna, era divenuta al secolo XIII così potente da assorbire per sè sola tutti i privilegi di che godeva l'Università e da tener soggetto ogni altra specie di studio. Invano gli studenti delle arti liberali e mediche, divenuti anche essi numerosissimi, invocavano il diritto alla costituzione di un'altra e separata Università, che li raccogliesse e privilegiasse (2). L'Università di Bologna era sorta dal diritto e in nome del diritto, e solo i legisti dovevano goderne gli speciali vantaggi. La lotta si protrasse per tutto il secolo e più oltre; e si concluse più tardi col riconoscimento del diritto, che diede origine alla doppia Università dei legisti e degli artisti (3).

Ma l'Università bolognese aveva toccato la sua più compiuta

---

(1) È il BRUNNER, *Antheil d. germ. Rechtes*, p. 5, che scrive recisamente: « L'origine delle associazioni studentesche ultramontane è il prototipo per la formazione delle associazioni italiane »; principio, che è escluso dalla storia effettiva delle ricche e svariate associazioni italiane.

(2) Per questa lotta, si veda F. CAVAZZA, *Le scuole dell'antico studio di Bologna*, in *Atti e mem. della Deput. di Stor. patria di Romagna*, ser. III, vol. XI, p. 75-76. Nel 1288 il Comune concesse ai medici i privilegi dell'Università dei legisti, ma questa disposizione fu lungamente e aspramente combattuta.

(3) Ciò avvenne incontrastatamente soltanto nel 1316. MALAGOLA, *Monografie storiche sullo studio bolognese*, Bologna 1888, pp. 10-11.

costituzione sotto l'impulso e per la prevalenza del diritto. Nel primo trentennio del duecento, ai memorabili tempi di Azone, la scuola dei glossatori toccava il sommo del suo fulgido arco, e per concorde vicenda l'Università di Bologna, solidamente organizzata, giungeva all'apogeo del suo pieno sviluppo. Bologna poteva allora vantare, accolti entro il cerchio delle sue mura a motivo di studio, la torma di diecimila scolari, corporativamente ordinati e assicuranti la imperitura vita dell'Università (1).

E insieme, l'Italia e l'Occidente potevano apparire rinnovati dalla scienza del diritto romano, che la scuola di Bologna, circonfusa di gloria, irraggiava; poichè gli studenti, che da ogni parte d'Italia e d'Occidente ivi convenivano, tornati poi in patria, venivano assunti alle prime cariche del Comune o dello Stato, esercitavano l'ufficio di giudice, davano opera all'arte notaria; e ovunque divulgavano i principii di quel diritto, che per comune consenso era giudicato fin d'allora più evoluto e perfetto. E dalle fosche torri, erette fra i rottami del feudalesimo, Bologna poteva veder crescere e divulgarsi, per opera e per impulso suo, i nuovi centri della coltura giuridica e scientifica; e dal gran pian lombardo emergere gli studii di Modena e Reggio; dalle regioni venete, Vicenza accogliere la prima frotta di studenti emigrati, Padova formarsi per suo tributo a sua immagine e somiglianza; e più oltre Vercelli, breve e indiretta appendice dell'Università bolognese. Dall'altra parte, oltre i torvi gioghi d'Appennino, sulla classica terra di Toscana, sorgere Arezzo, per una emigrazione di studenti da Bologna; Pisa rinnovare i suoi splendori; Perugia deporre il germe che il secolo XIV farà crescere e ingigantire in lume di scienza; Roma rilevarsi dal suo lungo riposo. E più lontano ancora, di là dalla patria italiana, nelle terre di Francia, che le Alpi precludono allo sguardo, Bologna poteva vantare molti dottori suoi, educati e cresciuti alla sua scuola, insegnare nell'Università di Montpellier; e nella nebbiosa Inghilterra, Vacario, dottore bolognese, dare inizio all'insegnamento del diritto romano nella famosa Università di Oxford.

E questo moto di scienza, dovuto quasi totalmente a Bologna, e alla scienza del diritto, era in parte un prodotto della mirabile organizzazione, che un secolo di gloria aveva potuto costituire e fondare, nell'istituto dell'Università.

Questo vincolo fra la scienza giuridica e l'Università, fra la scuola e l'organizzazione che la trasforma in istituto durevole, può essere richiamato anche per l'origine e per la storia dell'Università modenese. Risorto per impulso della scienza di Bologna, dopo che il terreno era stato approntato da una scuola d'arti liberali,

---

(1) A questi tempi l'Università è divisa nei due corpi degli ultramontani e dei citramontani, entro i quali si ha una fitta rete di corporazioni nazionali, con proprii capi. Sui diecimila scolari, la testimonianza di Odofredo (DENIFLE, I, 138) è esplicita, e per nulla inverosimile, se si pensa che era vivissimo allora l'interesse degli studii e scarsi i centri della coltura. Boncompagno vanta nella sola sua arte cinquecento scolari. GAUDENZI, *Bibl. jurid. medii aevi*, II, 279.

il diritto trovò qui sede propizia per la sua scientifica espansione (1). L'autonomia comunale, restituendo alla società cittadina un assetto dignitoso e normale, anima a richiamare con uno studio regolare anche a Modena la scienza del diritto romano, già studiata con entusiasmo; onde sulla fine del secolo XII, per iniziativa sopratutto del Comune, si organizza e costituisce una scuola generale del diritto, che per più di un secolo ebbe splendida vita. Qui Pillio svolge l'acume della sua dottrina giuridica; Martino da Fano, Alberto Galeotti, Guido da Suzzara insegnano, maestri famosi, il diritto romano; mentre Guglielmo Durante dispiega il largo ordine delle leggi e del diritto canonico. E un giurista modenese, prodotto di questa scuola, Nicolò Matarelli, insegnava qui poco più tardi, nel 1279.

L'opera organizzatrice del Comune, la fama dei maestri, il concorso dei discepoli inspirano alla scuola un impulso vitale, cui non mancava, per la sicura continuità, che una solida costituzione. Ma la troppa rapida decadenza della vita cittadina ne ostacolò presto il cammino. Quando la scienza dei glossatori iniziava la sua lenta discesa; entro le mura della città si agitavano le rivoluzioni e le turbolenze, che tolsero al Comune gran parte della sua autonoma attività.

Più tardi, nel breve periodo in che nuove rivoluzioni e nuove turbolenze (1306-1325) restituiscono la fallace immagine del vecchio e glorioso Comune, più volte si tentò ripristinare gli studii del diritto; e vi diede opera forse quel Nicolò, il quale, passato nei tempi burrascosi, all'Università di Padova, era quasi un incitamento per il Comune risorto a richiamare l'insegnamento del diritto. Ma fu opera vana, poichè l'autonomia cittadina veniva presto soffocata tra le branche del potere signorile; e lo studio, che rappresentava troppo vivamente le ansie e le tendenze della libertà, era lasciato appena trascinare ingloriosamente una vita di stenti.

La decadenza continuò, quando, nel secolo XV, lo splendore dell'Università di Ferrara accoglie ed assorbe tutte le forze intellettive del dominio estense. È molto se la tradizione dello studio si mantiene qui ininterrotta per tutto quel secolo e più ancora, fino al seicento, con scuole pubbliche di diritto, di medina e di notariato, sussidiate dal Comune.

Sulla fine del seicento, allorchè al decadimento delle lettere si oppone, in Italia, una nobile rinascenza degli studii e del diritto; allorchè la città, da quasi un secolo centro di un piccolo Stato, riprende tutte le forze sue economiche e sociali; impulso autonomo di cittadini e di Comune, desiderosi di ricongiungersi alla tradizione, costituisce qui l'Università, che in breve si fa celebrata.

Il rinascimento della scienza e la tendenza organizzatrice del diritto avevano ancora una volta sospinto alla creazione del glo-

---

(1) Si veda DENIFLE, I, 258 ss.

rioso istituto; e ad essi è dovuta principalmente la rinascenza, che sulla fine del settecento fa brillare di fulgida luce la coltura giuridica e la legislazione degli Stati Estensi. Scienza ed organizzazione, che sono chiamate poi sempre ad accompagnare fin qui la vita dell'Università nostra, e che sono la base incrollabile di un istituto, che voglia dirsi scientifico.

Questo io volevo ricordare a voi, professori egregi, che continuate le nobili tradizioni della scuola; questo io volevo ammonire a voi, compagni più che discepoli, ai quali mi sarà caro di porgere i principii della scienza nostra, che è parte non ultima di una salda coltura giuridica.

CPSIA information can be obtained
at www.ICGtesting.com
Printed in the USA
LVIC04n2256030717
540263LV00006B/32